DIE REIHE
*Archivbilder*

# HAMBURG-BARMBEK-NORD

Die Luftbild-Schrägaufnahme der Polizeiwache am Hartzloh-Platz entstand Anfang der 1930er-Jahre.

DIE REIHE
*Archivbilder*

# HAMBURG-BARMBEK-NORD

Silke Rückner

SUTTON
VERLAG

Gegen Vorlage der „Bescheinigung zur Erlangung der Fahrpreisermäßigung für Kleingärtner" konnten Mitglieder der Kleingartenvereine bei der deutschen Reichsbahn Fahrscheine zu ermäßigten Preisen erwerben.

Sutton Verlag GmbH
Hochheimer Straße 59
99094 Erfurt
www.suttonverlag.de

Copyright © Sutton Verlag, 2011
ISBN: 978-3-86680-920-8

Druck: Books on Demand GmbH, Norderstedt, Deutschland

# Inhaltsverzeichnis

# Vorwort und Danksagung

Alte Fotos sind meine Leidenschaft. Schon als Kind konnte ich stundenlang die alten Fotos meiner Eltern und Großeltern betrachten. Später begann sich aus meinem Interesse eine Sammelleidenschaft zu entwickeln. Das erste Foto erhielt ich vom Fischhändler Paul Pickenpack. Ich erbat es mir als treue Kundin nach unserem Umzug 1972 in einen anderen Stadtteil. Besuche ich meine alte Heimat Barmbek-Nord und treffe ehemalige Nachbarn und Bekannte, kommt fast immer der Ausspruch „Weißt du noch, damals ..." und man erinnert sich an die alten Geschäfte auf der Fuhlsbüttler Straße, die es zumeist schon längst nicht mehr gibt. Auf die Idee, weitere Fotos zu sammeln, speziell von meiner alten „Fuhle", haben mich in erster Linie zwei ehemalige Nachbarinnen (Ruth Brodofski und Friedel Schmalz) sowie die Bücher „Bramfelder Chaussee" und „Fuhlsbüttel" (von Manfred Sengelmann) gebracht. Und so ist dieser Band all jenen gewidmet, die mich mit Bildern und Informationen so liebevoll und tatkräftig unterstützt haben (siehe Bildnachweis). Viele Besuche waren auch in der Geschichtswerkstatt Barmbek und im Hamburgischen Staatsarchiv erforderlich, um unsere alte Fuhle in historischen Aufnahmen zu dokumentieren.

Besonderer Dank gilt deshalb an dieser Stelle der Geschichtswerkstatt Barmbek, dem Hamburgischen Staatsarchiv sowie dem Hamburgischen Architekturarchiv und Katja Krumm, die mir am Computer und bei den schriftlichen Arbeiten behilflich war. Das Buchprojekt wurde vom Gebietsbeirat Langenfort – Barmbek-Nord unterstützt, auch hierfür meinen herzlichen Dank. Dieser gilt auch in besonderem Maße dem Herbert-Ruppe-Haus und seinem Leiter Herrn Kieslich, der mir in seinen Räumen regelmäßige Fotoausstellungen ermöglicht.

Die Fülle meiner Sammlung reicht mittlerweile für einen zweiten Band mit Fotos, besonders der Fuhlsbüttler Straße ab 1940. Ich wünsche Ihnen nun viel Spaß bei einem historischen Spaziergang durch Barmbek-Nord.

Silke Rückner
im September 2011

# Einleitung

Die „Neue Hamburger Zeitung" schrieb in ihrer Abendausgabe vom 28. August 1902: „Die früheren Vororte Barmbeck, Uhlenhorst und Winterhude verlieren immer mehr den ländlichen Charakter und werden völlig städtisch [...] Breite Straßen mit schattigen Alleen zeichnen die meisten Straßen dieser neuen Stadtteile aus. Immer weiter schieben sich die Häuserreihen von Barmbeck die Fuhlsbüttlerstraße und von Winterhude die Alstderdorferstraße entlang, um schließlich in Ohlsdorf zusammenzutreffen."

Ende des 19. Jahrhunderts hatte die oben beschriebene Verstädterung des ehemaligen Dorfes Barmbeck ausgedehnt eingesetzt. Neue Straßen wurden angelegt, bereits vorhandene ausgebaut. So wurde der bereits 1874 begonnene gepflasterte Ausbau der Fuhlsbüttler Straße um 1890 abgeschlossen und aus dem ehemaligen Redderweg war eine städtische Achse geworden.

Nach dem Vereinigungsgesetz vom 1. Juli 1894 war Barmbek zu einem vollwertigen Stadtteil Hamburgs geworden. Der hier dargestellte nördliche Teil, Barmbek-Nord, wurde zu Beginn des 20. Jahrhunderts in seiner raschen Entwicklung vor allem durch das 1910 eröffnete Allgemeine Krankenhaus Barmbek, den 1914 eröffneten Stadtpark, den Ausbau der Hochbahn und des Osterbek-Kanals gefördert. Der „Hamburgische Correspondent" schrieb am 2. Oktober 1915: „Den ersten Anstoß zu der Aufteilung des umfangreichen Geländes gab die Durchführung der Hochbahn durch das Barmbecker Gebiet sowie der Ausbau des Osterbeck-Kanals." Noch 1915 gab es jedoch die Einschätzung, dass „das nördliche Barmbeck immer mehr zu einem Fabrik- und Industrieviertel sich entwickeln wird". Gemeint war hier wohl vor allem das Gebiet bis zur Hellbrookstraße. Nördlich dieser Linie wurde schon damals eine andere Entwicklung vorhergesehen: „Einen wesentlich anderen Charakter wird das künftige nord-westliche Barmbeck erhalten, was schon durch die Nähe des Stadtparks im Westen und der neuen Krankenhausanlagen im Norden bedingt wird."

Den entscheidenden Einfluss auf die Gestaltung des neuen Stadtteils nahm in den folgenden Jahren jedoch der Hamburger Oberbaudirektor Fritz Schumacher, der bereits 1909 dem Ruf nach Hamburg gefolgt war. Schumacher erwirkte für Barmbek-Nord eine Revidierung des ursprünglichen Bebauungsplans von vor 1914, der eine fünfstöckige Wohnbebauung ohne öffentliche Grünanlagen vorgesehen hatte. Die Zahl der Stockwerke wurde von fünf auf drei an den Rändern des Gebiets heruntergestuft, eine durchgängige Blockrandbebauung mit geschützten Innenhöfen zum Ziel gesetzt und als wesentliches städtebauliches Gestaltungselement wurden Grünzüge und Grünanlagen in den Stadtteil integriert. Das durchgängig verwendete und bis heute prägende Baumaterial sollte der regionaltypische dunkelrote Klinkerstein werden. Innerhalb weniger Jahre wurden so in Barmbek-Nord mehrere tausend Wohnungen fertiggestellt. So entstand ein städtebaulich und architektonisch konsequent im Geist des Reformwohnungsbaus der 1920er-Jahre gestaltetes Viertel.

Die Kriegsschäden des Zweiten Weltkriegs waren erheblich, rund 78 Prozent des Wohnungsbestandes wurden teilweise beschädigt oder ganz zerstört. Barmbek-Nord zählte aber zu den ersten Gebieten Hamburgs, in denen der Wiederaufbau nach dem Wohnungsbaugesetz von 1950 begann. So wurde der Stadtteil weitgehend nach originalen Plänen wiederhergestellt. In der Zeit der größten wirtschaftlichen Blüte der 1960er- und 70er-Jahre wurden teils erhebliche Eingriffe durch eine zeittypische Verkehrsplanung (Ring 2, Ringbrücke) vorgenommen.

Wirtschaftliches Zentrum Barmbek-Nords war und ist die Fuhlsbüttler Straße, deren wechselvolle Geschichte von den eingangs beschriebenen Anfängen bis zur Wirtschaftswunderzeit und danach in diesem Buch dargestellt werden soll. Auf insgesamt 4,5 Kilometern durchzieht die „Fuhle" Barmbek-Nord und Ohlsdorf. Beginnend an der Bramfelder Straße im Süden endet sie zwischen Rathsmühlendamm und Wellingsbüttler Landstraße im Norden. Sie umfasst 792 Hausnummern und ist nicht nur nach Selbstdarstellung der Interessengemeinschaft Fuhle e. V. das Herz Barmbeks. Die Fuhlsbüttler Straße war (und ist) nicht nur vielfältiges Nahversorgungszentrum für Stadtteilbewohner, sondern auch Amüsiermeile mit Cafés, Restaurants und Kinos. In ihrer Blütezeit zog sie Publikum auch aus den angrenzenden Stadtteilen an. Zahlreiche Geschäfte wurden als Familienbetrieb von einer Generation an die nächste weitergegeben. Vor allem in den 1960er- und 70er-Jahren fanden sich hier neben kleinen Einzelhändlern auch Filialen großer Einzelhandelsunternehmen wie C&A, Hertie oder Kaufhalle.

# Bildnachweis

# 1

## Die Fuhle – Westseite

Im ersten Kapitel geht es um den Westteil der Fuhlsbüttler Straße bis zur Stadt- und Landesgrenze (ehemals Brambergstraße, heute Hebebrandstraße). Gezeigt werden Aufnahmen aus den Jahren zwischen 1900 und 1940. Wir bewegen uns auf der Fuhle von Süd nach Nord, das heißt von Hausnummer 1 beginnend bis hin zu Hausnummer 429. Leider konnten nicht alle Häuser vollständig chronologisch dokumentiert werden.

Die U-Bahn-Brücke über die Fuhlsbüttler Straße auf Höhe der heutigen ESSO-Tankstelle um 1910.

In der Fuhlsbüttler Straße 1 befand sich direkt am Osterbekkanal das „Restaurant Kindermann".

Das Maurienstift zwischen Fuhlsbüttler und Maurienstraße wurde 1898 von der Witwe des Firmengründers J. H. Wilhelm Maurien (1825–1882) der New-York-Hamburger-Gummi-Waaren Compagnie gegründet. Die Wohnungen standen für bedürftige Arbeiter und Witwen bereit. Das Stift brannte 1943 vollständig aus und wurde durch zwei Neubauten am Osterbeksweg ersetzt.

Der Barmbeker Bahnhof von 1912 mit dem Haupteingang am Wiesendamm. Das erste Gebäude stand nur elf Jahre und wurde 1916 durch einen Nachfolgebau ersetzt, um Platz für die neuen Gleise der Walddörferbahnstrecke zu schaffen.

Der Barmbeker Bahnhof in den 1930er-Jahren, vom Wiesendamm aus gesehen. Unter der Brücke befanden sich die Haltestellen der Straßenbahnlinien 6 und 9.

1910 eröffnete das Ehepaar Düwel in der Nummer 103 ein Galanterie, Papier- und Lederwaren-geschäft. Auf dem Foto von 1911/12 sind drei der insgesamt sechs Kinder zu sehen.

Mit der Nummer 105 schloss sich an Düwel die Eisenwaren- und Werkzeughandlung von Otto Scheel an. Auch zahlreiche Haushaltswarenartikel waren im umfangreichen Sortiment vorhanden.

Die Straßenansicht zwischen Pestalozzi- und Drosselstraße entstand Anfang der 1930er-Jahre. Im Eckhaus befindet sich die von K. H. A. Witt 1912 eröffnete Apotheke. Das Haus wurde im Juli 1943 zerstört und 1949 durch ein provisorisches Flachdachgebäude ersetzt. Die noch heute dort befindliche Apotheke wurde Anfang der 1950er-Jahre von Familie Driescher wiedereröffnet.

Die Drosselstraße, Ecke Fuhlsbüttler Straße, um 1910. Linker Hand befand sich bis 2009 das Kaufhaus Hertie, auf der rechten Straßenseite bis Anfang der 1970er-Jahre das Kaufhaus Kepa.

Restaurants, Klub- und Gesellschaftshäuser wie dieses von Wilhelm Kramp Ww. gab es bis 1943 fast an jeder Ecke. Heute finden wir hier den Optiker Bode.

Die Gaststätte „Alter Redder" von Willi Britzke mit der Hausnummer 145 befand sich an der Ecke Hufnerstraße, Hellbrookstraße, Fuhlsbüttler Straße. Beliebt war hier vor allem der preiswerte Mittagstisch. Nach 1945 befanden sich verschiedene Tankstellen auf dem Grundstück, heute hat hier eine Filiale der Haspa ihren Sitz.

Das erste Fischgeschäft von Annemarie und Walter Koch in der Fuhlsbüttler Straße 147, hier 1927 mit Tochter Waltraut und vermutlich einem Kindermädchen. Nach 1945 befand sich an gleicher Stelle das Gemüsegeschäft Rindfleisch, bevor die Dresdner Bank und heute die Commerzbank die Räume übernahmen.

Die Kunst- und Handelsgärtnerei Jessen und Wagner der Familie Wagner in der Fuhlsbüttler Straße 153. Aufgrund des Baus der Walddörferbahn musste der Betrieb zwischen Hardorffsweg und Hellbrookstraße weichen.

Das Luftbild der Fuhlsbüttler Straße entstand Ende der 1920er-Jahre zwischen Genslerstraße und Emil-Janßen-Straße. Direkt an der Hochbahnbrücke befindet sich das Kino Schauburg Nord, am rechten Bildrand das Laubenganghaus von A. Frank am Heidhörn. Eine Holzhandlung ist auf Höhe Fuhlsbüttler Straße 184 sowie die Eckgaststätte „Fernsicht" in Haus-Nr. 216 zu sehen.

Vor dem Eingangsbereich des Kinos Schauburg Nord (Fuhle 165) stehen 1939 viele Barmbeker für einen der beiden Nazi-Western namens „Gold in New Frisco" an. Das Gebäude wurde 1943 zerbombt, die Filmvorführungen fanden daraufhin in der Schule Schaudinnsweg (heute Fraenkelstraße) statt. Heute befinden sich hier das Schnellrestaurant „Jim Block" und „Block House" in einem Nachfolgebau der 1990er-Jahre.

Fuhlsbüttler Straße 221, Ecke Emil-Janßen-Straße. Das 1938 von Erich und Erna Rehder am Steindamm gegründete Unternehmen zog 1939 hierher. Nach der Ausbombung 1943 wurde es an gleicher Stelle wieder aufgebaut und 1945 neu eröffnet. Zurzeit befindet sich hier eine Filiale des Bekleidungsunternehmens Wellensteyn.

Die Luftaufnahme vom Juli 1932 zeigt links das Frauenwohnheim „Schwalbenhof" und unten in der Bildmitte den Habichtsplatz. In der oberen Bildmitte verläuft die Emil-Janßen-Straße (vgl. Ansicht oben: Schuh Rehder). Rechts unten ist der Mildestieg zu erkennen, die Fuhlsbüttler Straße durchschneidet das Bild mittig von links nach rechts.

1935 übernahm Alfred Bonitz das Spiel- und Schreibwarengeschäft von von Laasch in der Fuhlsbüttler Straße 227. Hier befand sich auch eine Puppenwerkstatt. Nach der Ausbombung 1943
verlegte von Laasch das Geschäft in die Fuhlsbüttler Straße 412.

In der Fuhlsbüttler Straße 275 befand sich eine Niederlassung der Dampfbäckerei von Otto Kloss.
Das Kolonialwarengeschäft wurde von Otto Nitze und seiner Ehefrau betrieben, wie auf dem
Foto zu sehen ist.

1939 eröffnete Walter Henze sein Gemüsegeschäft neben der damaligen Wäscherei und Färberei Jäger. Er ist hier mit Sohn Horst zu sehen.

Walter Henze als stolzer Autobesitzer vor seinem Dreirad-Lieferwagen. Auf der gegenüberliegenden Straßenseite befanden sich die Drogerie Möller in der Fuhlsbüttler Straße 304 und ein Kolonialwarengeschäft.

Ein Blick aus dem Wohnzimmerfenster von Radio Ranfft (Fuhle 410) auf das AK Barmbek von 1935. Zu sehen ist auch die Linie 6 (stadteinwärts) sowie ein Halbkettenfahrzeug der Wehrmacht mit anhängender Panzerabwehrkanone.

Ein Blick von gleicher Stelle aus wie oben. Neugierige Passanten verfolgen am Straßenrand das militärische Geschehen auf der Straße.

Martha Holzhausen mit einer Kollegin an einem Wasserbassin des ehemaligen AK Barmbek. Im Hintergrund sind die parkartigen Anlagen mit weißen Holzbänken gut zu erkennen.

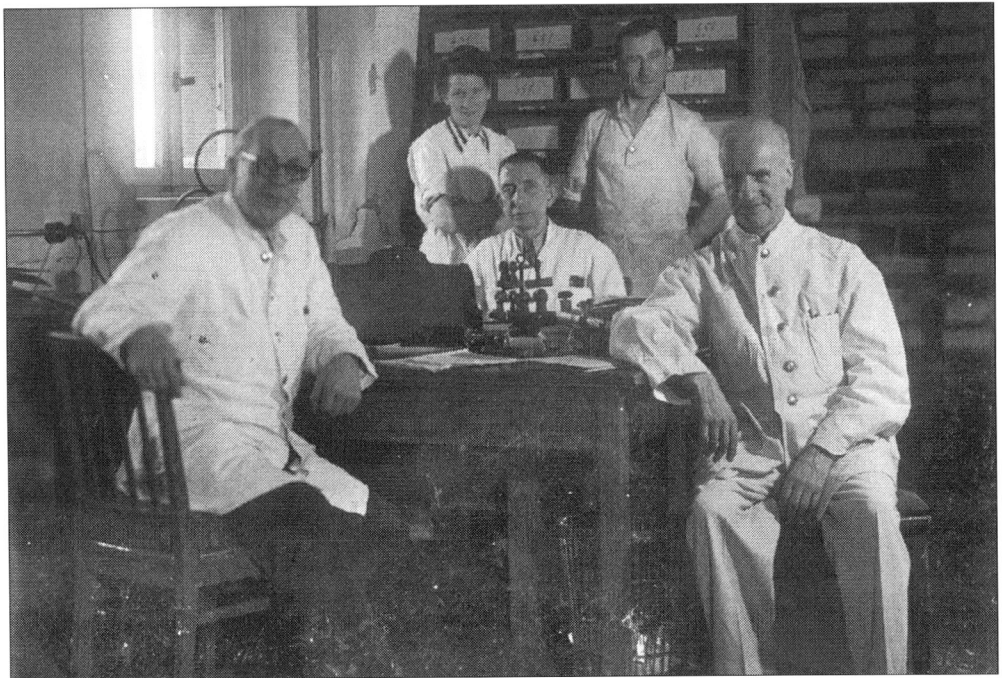

Angestellte der Krankenhausapotheke auf dem Gelände des ehemaligen AK Barmbek, hinten links steht Martha Holzhausen. Die Aufnahme stammt vom Ende der 1930er-Jahre.

Die Luftbild-Schrägaufnahme aus den 1930er-Jahren zeigt den Blick nach Westen über die Fuhlsbüttler Straße hin zum AK Barmbek. Auf der linken Seite ist der im Bau befindliche Block im Wagenfeld Nr. 25–27 zu erkennen (heute Wagenfeldstraße).

Eines der ersten mehrgeschossigen Wohngebäude stand in der Fuhlsbüttler Straße 417–425 (ehemals Ecke Sandbalken). Die Häuser wurden 1912 im Anschluss an den Krankenhausbau fertiggestellt. Im Erdgeschoss des Eckhauses befand sich die Schusterei Loch.

# 2

# Die Fuhle – Ostseite

Das zweite Kapitel zeigt die östliche Seite der Fuhlsbüttler Straße, ebenfalls in der Zeit von 1900 bis 1940. Wie schon im ersten Kapitel gehen wir die Straße von Süd nach Nord, entlang der geraden Hausnummern. Der Spaziergang beginnt im Süden an der Hausnummer 116 mit dem Lederwarengeschäft von R. Fichelmann (Foto unten). Im Norden endet das Gebiet an der ehemaligen Stadtgrenze mit der Meister-Bertram-Straße.

Das erste Lederwarengeschäft gründete R. Fichelmann 1912. In den Räumen links neben dem heutigen „Eiscafé Venezia" befindet sich zurzeit eine Bank.

Walter Koch mit seinem Lieferwagen der See- und Flussfischhandlung an der Kreuzung Fuhlsbüttler Straße/Hellbrookstraße. Im Hintergrund der Aufnahme vom Ende der 1920er-Jahre ist
das Schuhhaus Behr sowie die Neue Sparcasse von 1864 zu sehen.

Walter Koch mit Heringsfässern an gleicher Stelle an der Kreuzung Hellbrookstraße. Im Hintergrund befindet sich nun das Schuhhaus Görtz in den ehemaligen Räumen von Schuh-Behr,
außerdem Radio-Speyer sowie eine Buchhandlung. Die Aufnahme entstand Ende der 1930er-Jahre.

24

Die Aufnahme von etwa 1910 zeigt die Gaststätte von Wilhelm Buhr. Später befand sich hier der Friseur Ledermüller und die „Gaststätte Prang".

Bewohner des Hauses Nr. 168.

1932 eröffnete Gretchen Ramftler mit Ehemann Karl-Heinz ihr Blumengeschäft. Die 50. Jubiläumsfeier fand im neuen Geschäft in der Fuhlsbüttler Straße 172 statt (heute „absolut floristik"). Die Häuser 166 und 168 wurden 1988 abgerissen und durch einen viergeschossigen Neubau mit Staffelgeschoss ersetzt.

Auszug aus dem „Hamburger Fremdenblatt" vom 29. Oktober 1931: „Ein altes Wahrzeichen Nord-Barmbeks, die Ichthyol-Fabrik in der Fuhlsbüttelstraße, soll abgerissen werden […]. Die Fabrik wurde gebaut, als die Fuhlsbüttelstraße noch ein Redderweg war […]. Heute ist die Fabrik zu alt geworden, der Grund und Boden rentabler für Wohnungen."

Die rückwärtige Ansicht des Laubenganghauses am Heidhörn auf einer
Aufnahme aus den 1940er-Jahren.

Die Schaufensteransicht des Optiker-
geschäftes von Hans Baumann aus
den 1930er-Jahren im Erdgeschoss
des Laubenganghauses Fuhlsbüttler
Straße 178. Das am 1. Dezember 1932
eröffnete Geschäft wurde 1943 bei
einem Bombenangriff zerstört.

Die Gastwirtschaft „Fernsicht" von Cord Lühmann am heutigen Durchgang zum „Schwalbenhof" in der Fuhlsbüttler Straße 216. Die Eckgaststätte ist ebenfalls gut auf der Luftaufnahme auf Seite 16 zu erkennen.

Heinrich-Julius Tiedemann führte bereits 1914 bis 1924 in der Bürgerweide das Manufaktur- und Wäschegeschäft Carl Hinrichs, bevor er 1924 in die Fuhlsbüttler Straße 222 zog. Der Eingang befand sich früher am Habichtsweg. Zurzeit hat hier ein Geschäft für Manikürbedarf seinen Sitz.

Die Zweigstelle 227 der Hamburger Sparcasse von 1827 an der Ecke Mildestieg, aufgenommen am 5. September 1928. An dieser Stelle befindet sich auch heute noch eine Filiale der Haspa.

Der von Richard Kuöhl Ende der 1920er-Jahre gestaltete Terrakotta-Brunnen mit dekorativem Rattenfänger-Motiv befand sich im Innenhof des Adolf-von-Elm-Hofs. Nach einigen Zwischenstationen, u. a. auf der Bierhausterrasse, ist der Brunnen heute eingelagert.

Das „Bierhaus Gustav Meyer" war in den 1930er-Jahren Treffpunkt nationalsozialistischer Kreise.

Die Luftbildschrägaufnahme entstand um 1930 an der Kreuzung Fuhlsbüttler Straße, Dennerstraße, Bendixensweg. Die in der Bildmitte hinter der begrünten Verkehrsinsel befindlichen
Häuser gehörten noch zur Fuhlsbüttler Straße (Nr. 276–286).

Die Villa auf dem Grundstück Fuhlsbüttler Straße 332 wurde 1898 erbaut
und im August 2011 schießlich abgerissen. Mitte der 1950er-Jahre wohnte
hier die Familie Voigt. Sie betrieb einen
Kartoffelgroßhandel und ein Fuhrunter-
nehmen.

Die Fuhlsbüttler Straße/Ecke Hartzloh um 1910 mit einem Blick nach Nordosten. Die Gründer-
zeitmietshäuser rechts wurden im Juli 1943 ein Opfer der Bomben.

Das Restaurant von Friedrich Feldmann in der Fuhlsbüttler Straße 386, das spätere „Bierhaus Wermuth", ist hier auf einer Aufnahme von etwa 1910 zu sehen. Heute befindet sich hier die Buchhandlung Recht-Ullrich.

Die Häuserzeile 386–392 von Norden aus Richtung Hartzloh gesehen, um 1910. Im Hintergrund, an der Ecke Hartzloh, erkennt man eines der ersten großen Mietshäuser, die um 1910 gebaut wurden. Heute befindet sich hier eine Filiale der Haspa.

Das Foto zeigt die Meierei Scholten in der Nr. 388, in der bereits 1930 Hermann Scholten das 25. Jubiläum seiner Firma feierte. Zurzeit befinden sich an dieser Stelle häufig wechselnde Speise-lokale.

Hermann Scholten mit seiner Frau bei einem Sonntagsspaziergang Anfang der 1920er-Jahre.

In Nr. 412 eröffnete Richard Ranfft 1932 sein Radio- und Schallplattengeschäft.

Die Schaufensterauslage bei Radio Ranfft 1932. Die Preise der verschiedenen Radiogeräte lagen zwischen 18 Reichsmark (vorne rechts) und 56 Reichsmark (hinten Mitte). Direkt hinter der Auslage, abgetrennt durch einen Vorhang, befand sich das Wohnzimmer der Familie Ranfft.

Nach einem Umbau zog das Familienunternehmen 1934 in die Fuhlsbüttler Straße 410. Hier zu sehen ist Frau Ranfft vor dem neuen Laden. 1936 folgte noch ein weiterer Umzug in die Nr. 458, neben der damaligen Post.

Gegenüber dem alten AK Barmbek lag die Tankstelle von Herrn Tautz, hier auf einer Aufnahme aus den 1930er-Jahren.

Das einstige Restaurant „Cäcilien-Höh" in der Fuhlsbüttler Straße 444 wurde ab Anfang der 1930er-Jahre zum Wohnhaus der Familie Barge. Ab 1933 befand sich hier ein Stützpunkt der SA. Die Häuserreihe 436–444 beherbergte in der Zeit des Nationalsozialismus verschiedene NSDAP-Organisationen. Die Hausnummer 444 existiert heute nicht mehr.

Adolf und Charlotte Barge in den 1930er-Jahren mit den Kindern Dieter und Jens-Uwe im Garten hinter ihrem Haus.

Das Haus in der Fuhlsbüttler Straße 452 wurde 1888 erbaut und 1896 für 11.670 Reichsmark von Friedrich Wilhelm Johann Engel erworben. Die Aufnahme entstand Anfang des 20. Jahrhunderts.

Friedrich und Dorothea Engel an ihrem Hochzeitstag, dem 20. Mai 1893.

Nach einem umfassenden Um- und Anbau 1933 steht hier Dora Röpke, die Enkelin von Friedrich und Dorothea Engel, vor dem Haus Nr. 452. Noch heute wohnt der Urenkel darin.

Friedrich und Dorothea Engel bei ihrer goldenen Hochzeit am 20. Mai 1943 hinter ihrem Haus.

Die See- und Flussfischhandlung der Familie Hamdorf befand sich in Haus Nr. 454. Die Aufnahme entstand vor dem Ersten Weltkrieg. Vorn rechts im Bild sieht man die „kleine Martha", die in den 1950er-Jahren in der Toreinfahrt rechts Pfefferminzbonbons verkaufte. Später eröffnete eine Cousine der Familie, Irma Jarosch, hier ihr Blumengeschäft. Das Fischgeschäft zog 1929 in den Elligersweg 2.

In der Fuhlsbüttler Straße Nr. 456 befand sich Anfang der 1940er-Jahre die Fußpraxis Thomsen. Im Hinterhof zu Haus Nr. 456 war die Kohlenhandlung Ludwig ansässig.

1937 übernahm Johann Pickenpack das Fischgeschäft der Familie Hamdorf. Die Aufnahme vom 4. Juli 1939 zeigt Meta Pickenpack mit einer Verkäuferin vor dem Laden im Elligersweg 2.

Hans Mohr eröffnete 1930 seinen Obst- und Gemüseladen im Elligersweg 3. Bis Mitte der 1930er-Jahre wurden die Waren frei Haus geliefert. 1955 feierte das Geschäft sein 25. Jubiläum und wurde 1956 aufgegeben.

Das Eisenwarengeschäft „Max P. Sommer und Krug" eröffnete 1932 im Elligersweg 1, hier eine Aufnahme aus der Anfangszeit. 1978 übernahmen die Söhne Dietrich und Eckard die Firma und feierten unter dem Namen „Oma's Kök" 1982 das 50. Jubiläum.

Eine Innenaufnahme des Ladens von Sommer und Krug kurz nach der Eröffnung 1932. Zu sehen sind Max P. Sommer und seine Frau vor ihrem umfangreichen Sortiment.

Ludwig Reimer eröffnete in der Fuhlsbüttler Straße 466 im Gebäudekomplex der „Produktion"
sein Feinkost- und Delikatessengeschäft. 1976 wurde das Unternehmen an seinen Sohn Horst
übergeben, der es bis 1996 weiterführte.

Es geht wieder aufwärts: 1949 präsentieren sich die Inhaber Ludwig und Hilda Reimer stolz in
ihrem wieder gut gefüllten Geschäft mit ihren Kindern Horst und Renate. Umgeben werden sie
hier von den Angestellten und einer Aushilfe, Hans Plambeck, einem ehemaligen Kriegskame-
raden von Ludwig Reimer.

# 3

# Die Fuhle in Ohlsdorf

Wir begeben uns nun auf einen Rundgang auf der Fuhlsbüttler Straße nördlich der Nordheimstraße in Richtung Friedhof Ohlsdorf bis zum Rathsmühlendamm und wieder zurück auf der gegenüberliegenden Straßenseite bis zur Kreuzung Hebebrandstraße (früher Brambergstraße). Auch hier werden Aufnahmen aus der Zeit bis 1940 gezeigt.

Die Postkarte zeigt das Restaurant und Ausflugslokal „Schmucks-Höhe" um 1910.

Eine Straßenansicht der Fuhlsbüttler Straße ab Nr. 650 bis zur Schmuckshöhe auf einer Postkarte vom Beginn der 1920er-Jahre.

Das Verwaltungsgebäude des Friedhofs Ohlsdorf in der Fuhlsbüttler Straße 756 ist hier auf einer Postkarte von 1913 zu sehen.

Der Blick geht hier in nordöstliche Richtung auf das alte Verwaltungsgebäude des Friedhofs, um 1900.

Die erste Kapelle des Friedhofs in Ohlsdorf, etwa 1877 nach einem Aquarell. Das Gebäude war das ehemalige Wohnhaus des Anbauern Schwen auf dem Gelände des heutigen Friedhofs.

Die Aufnahme von etwa 1900 zeigt die letzten Häuser an der Fuhlsbüttler Straße, heute Wellingsbüttler Landstraße 5–9.

Hier an der Rathsmühlendammbrücke endete 1910 die Fuhlsbüttler Straße. „Der Straßenteil östlich der Schleuse hieß bis 1910 noch Fuhlsbüttler Straße", so war es 1972 in „Gruß aus Fuhlsbüttel und Umgebung" von R. Hesse zu lesen.

Die Aufnahme dokumentiert die festliche Einweihung des neuen Bahnhofsgebäudes in Ohlsdorf 1906.

1899 kaufte Adolf Krohn (1860–1935) von Carl Fribolin das Gebäude der Fuhlsbüttler Straße 759 und eröffnete hier das „Café Krohn". Der spätere Inhaber Walther Krohn steht hinter dem Ziegenbock. Das Gebäude wurde im Anschluss an den Bahnhofsneubau 1907 als Wohnhaus für die Familie aufgestockt. Zurzeit befindet sich an dieser Stelle ein Hotelneubau mit Restaurant.

Das Foto zeigt Adolf und Marie (geb. Schlichting, 1865–1950) Krohn mit ihren sieben Kindern. Rechts der spätere Inhaber Walther Krohn (1893–1963).

Die Baugrube für den Anbau des „Cafés Krohn" zu Beginn des 20. Jahrhunderts. Im Hintergrund befindet sich der 1906 eröffnete Bahnhof Ohlsdorf.

Die Aufnahme entstand Anfang des 20. Jahrhunderts und zeigt das neue „Café Krohn" in
der Fuhlsbüttler Straße 757–759.

Die Schrägbild-Luftaufnahme von 1927 entstand an der Ecke Alsterdorfer Straße/Fuhlsbüttler
Straße 751–759. Zu sehen sind hier das Grabmalgeschäft von F. H. Witte, das „Café Jacob" in
Nr. 755 sowie das „Café Krohn" in der Nr. 757–759. Im Hintergrund sind die Vorortbahn bis
Ohlsdorf, die alte Badeanstalt und ein Teil der Schleusenanlage gut zu sehen.

Die Postkarte stammt aus der Zeit um 1910 und zeigt das „Restaurant und Café Drumm" an der Ecke Alsterdorfer Straße.

Das Restaurant und Café „Erholung" von Heinrich Röttger in der Fuhlsbüttler Straße 737 auf einer Ansichtskarte von 1908. Heute sind hier die Bestattungsunternehmen GBI und Beck ansässig.

Die Schrägbild-Luftaufnahme von 1927 entstand an der Fuhlsbüttler Straße zwischen Hausnummer 735 und 737. Zu sehen sind ein Grabmalgeschäft und das Restaurant-Café „Erholung" von Heinrich Röttger.

In der Fuhlsbüttler Straße 705 befindet sich seit 1935 das Grabmalgeschäft von Braun & Kohler, jetzt in dritter Generation geführt von Enkel Kay Birkefeld.

Restaurant, Café u. Conditorei v. Chr. Kähler.
(Fritz Hagelstein Nflg.)
Ohlsdorf, Fuhlsbüttlerstr. 527. | Fernspr. Amt 5 No. 40,9

Das Gebäude in der Fuhlsbüttler Straße 527 beherbergte von 1889 bis 1919 das Restaurant, Café und die Konditorei von Chr. Kähler und wurde 1919 von Fritz Hagelstein übernommen. 1929 zog das „Bierhaus Kühnemund" hier ein. Im Hinterhof des Lokals befand sich die Essig- und Senffabrik von Fritz Hagelstein.

Die Tankstelle von Hermann Kühnemund gab in den 1930er-Jahren noch den Blick auf den Bahnhof Rübenkamp frei. Sie besaß je eine Zapfsäule für Benzin und Öl. Vorher befand sich hier ein Umsteigepunkt der Pferdebahn mit Pferdestation und Remise. Der erste Wagen der Pferdebahn diente der Personenbeförderung, während im zweiten Wagen Särge transportiert wurden.

# 4

# Leben und Arbeiten in Barmbek-Nord

In diesem Kapitel sind Aufnahmen zu sehen, die Menschen in Barmbek-Nord in ihrem Alltag zeigen – beim Einkaufen und Arbeiten oder auch auf dem Weg durch die Trümmer der Nachkriegszeit des Zweiten Weltkriegs. Ein weiterer Schwerpunkt des Kapitels ist das Thema Geselligkeit und Feiern. Die Bilder stammen aus den Jahren zwischen 1920 und 1985.

Die Luftbild-Schrägaufnahme von 1932 zeigt den Habichtsplatz mit der Habichtstraße und der Schwalbenstraße. Im Vordergrund ist der nur einseitig bebaute Wittenkamp zu sehen. In der linken Bildmitte an der Steilshooper Straße ist die seit 1874 in Barmbek ansässige Abdeckerei mit dem großen Schornstein gut zu erkennen. Heute befindet sich hier ein Autohaus. Dahinter liegt der Bahnhof Habichtstraße sowie die Schule am Tieloh, in der oberen Bildmitte die Auferstehungskirche sowie an der Hellbrookstraße/Ecke Steilshooper Straße die Wäscherei Tesdorp mit ihrem hohen Schornstein.

Die Aufnahme aus den 1930er-Jahren zeigt den Habichtsplatz in Richtung Norden, rechter Hand die Otto-Speckter-Straße und linker Hand die Dennerstraße, die heute die ehemalige Parkanlage als Ring 2 durchschneidet.

Anfang der 1950er-Jahre entstand die Nachkriegsaufnahme des Habichtsplatzes mit Blick in Richtung Schwalbenplatz, links verläuft die Habichtstraße. Übergangsweise wurde der ehemalige Habichtsplatz als Kinderspielplatz hergerichtet.

Die Aufnahme vom Karl-Schneider-Block an der Habichtstraße 124–126/Ecke Herbstweg entstand im Januar 1951. Gut zu sehen sind die massiven Kriegsschäden an den Gebäuden.

Kurze Zeit später, im gleichen Jahr, begann bereits der Wiederaufbau des Karl-Schneider-Blocks.

Das Bild aus den 1930er-Jahren zeigt den Milchmann Adolf Schierbeck, der in der Hellbrookstraße 50 sein Milchgeschäft führte.

Das Milchgeschäft Schierbeck in der Hellbrookstraße Anfang der 1950er-Jahre. Im selben Haus befand sich auch ein Haushaltswarengeschäft mit eigenem Eingang.

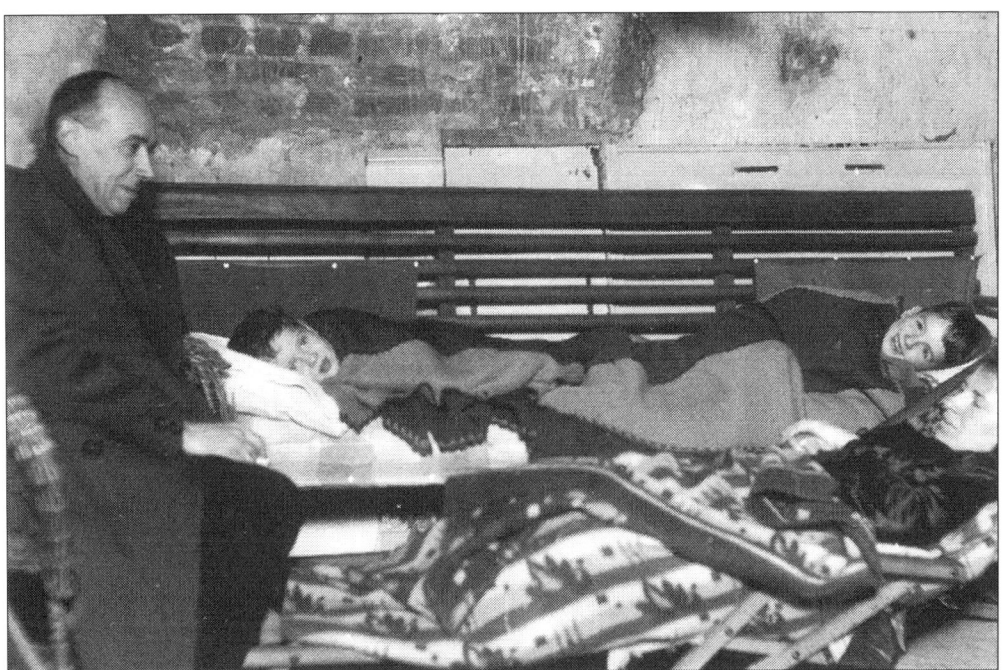

Die Familie Ledermüller mit ihren Söhnen Dieter und Adolf hatte sich nach der Ausbombung in der Hellbrookstraße auf Gartenbänken und Liegestühlen im Keller eine provisorische Unterkunft eingerichtet. Im Hintergrund stehen die geretteten Küchenschränke.

Marlies Brennecke und Christel Wisniewski (auf dem Fahrrad) in der Detmerstraße. Im Hintergrund erkennt man die nach Kriegsende errichteten Wohnbaracken sowie die Hochbahnüberführung der damaligen Walddörferbahn.

Frau Soost mit einer Angestellten vor ihrem „Eiscafé Capri" in der Alten Wöhr 13. Die Aufnahme stammt aus dem Jahr 1958. Hier befindet sich auch heute noch eine Eisdiele.

Auf dem heutigen Gelände des Margaretha-Rothe-Gymnasiums befand sich bis Anfang der 1970er-Jahre eine kleine Schrebergartenkolonie, deren Lauben in den Nachkriegsjahren zum Teil als Wohnhäuser ausgebaut wurden. In diesem Haus wohnte die Familie Huntemann, die an der Straßenbahnstation Alte Wöhr ein Zeitschriften- und Tabakwarengeschäft führte.

Die Ansicht vom Langenfort, zwischen Lorichstraße und Otto-Speckter-Straße, entstand Anfang der 1930er-Jahre. Gut zu sehen ist der Spielplatz mit dem Klettergerüst, Reckstangen, der Sandkiste und den heute noch erhaltenen Steinpferdchen.

Kinder auf dem Klettergerüst auf dem Spielplatz am Langenfort zwischen Lorichstraße und Otto-Speckter-Straße.

Der Lieblingsplatz von Jürgen Schröder waren 1938 die Backsteinpferdchen des Spielplatzes am Langenfort zwischen Lorich-straße und Otto-Speckter-Straße.

Die noch erhaltenen Backsteinpferdchen warten auf eine Restaurierung.

Blick auf den Eisenbahner-Block an der Kreuzung Hartzloh und Lauensteinstraße in den 1930er-Jahren.

So zeigte sich der gleiche Block, die Hausnummern 8–12, mit Schuttbergen nach dem großen Angriff im Sommer 1943. Der vordere Teil des Gebäudes war völlig ausgebrannt.

Nach einem vollständigen Neuaufbau schuf man mit dem Ausbau der Dachböden zusätzlichen Wohnraum. Die Ansicht entstand Mitte der 1950er-Jahre. Im Vordergrund zeigt sich Elke Herber, die spätere Gemüsehändlerin Maack, mit ihrer Stiefmutter stolz vor ihrem neuen Auto.

Mitte der 1950er-Jahre geht der Blick auf die Kreuzung Lauensteinstraße und Rübenkamp, heute Ring 2, in Richtung City Nord. Zu sehen sind im Hintergrund die Behelfsheime am Rübenkamp und am Horizont der Wasserturm mit dem Planetarium im Stadtpark.

Das im Jahr 1900 erbaute Reihenendhaus der Familie Franke im Hartzloh 47.
Heute fehlen der Giebelaufsatz und der
Balkon an der Straßenfassade.

Die Wohnzimmereinrichtung der Familie Franke im Hartzloh 47 präsentierte sich in den 1920er-
Jahren mit großem Kachelofen.

Das städtische Kindertagesheim am Hartzloh (heute Kita Hartzloh) Anfang der 1950er-Jahre. Im Hintergrund erkennt man die Häuser der Genossenschaft KAIFU-Nordland an der Fuhlsbüttler Straße 299–309.

Besuch des damaligen persischen Kaiserpaars Schah Reza Palewi und seiner Frau Kaiserin Soraya im Februar 1955 in der Kita Hartzloh. Im Hintergrund ist in Polizeiuniform der Polizist Herbert Gieche von der Revierwache 46 (heute Bürgerhaus) zu erkennen.

Am Hartzlohplatz 1 befand sich eine Filiale des Kaffee-, Tee- und Süßwarengeschäfts Tangermann. Die Aufnahme entstand in der Adventszeit Mitte der 1950er-Jahre.

Die ehemalige Revierwache 46 der Polizei in der Lorichstraße 28a zeigt sich auf einer Aufnahme vom 1. Mai 1934 mit der Belegschaft des Reviers.

Das von Oberbaudirektor Schumacher 1930 entworfene Gebäude dient seit 1982 als Bürgerhaus und kulturelles Zentrum mit einem vielfältigen Angebot für die Bürgerinnen und Bürger
Barmbek-Nords.

Zwei Polizisten posieren in den 1970er-Jahren vor ihrem neuen Streifenwagen vor der Polizeiwache.

Der provisorische Glockenturm zwischen Hartzloh-Spielplatz und der Kirche St. Gabriel Anfang der 1950er-Jahre. Im Hintergrund sind die Läden am Hartzloh-Platz und die heute noch dort ansässige Stern-Apotheke gut zu erkennen.

Das Foto zeigt einen Freiluftgottesdienst mit Pastor Wendt vor dem Gemeindesaal am Hartzloh, vermutlich anlässlich der Grundsteinlegung der St.-Gabriel-Kirche im Frühjahr 1954. Die Kirche wurde nach Plänen des Hamburger Architekten Hermann Schöne 1954 bis 1956 erbaut.

Der von dem Architekten J. C. Hansen 1929 bis 1931 erbaute Block zwischen Elligersweg und Meister-Francke-Straße. Im Erdgeschoss befanden sich ein Frisör und ein Hutgeschäft. Zurzeit sind hier eine Einrichtung der Kinder- und Jugendhilfe sowie ein Architekturbüro untergebracht.

Blick auf den gleichen Block Mitte der 1960er-Jahre. Die Aufnahme ist dem stolzen Besitzer der Hercules Claus Cohrs zu verdanken, der sein Motorrad auf dem mittlerweile zum Parken genutzten Platz fotografierte.

Blick aus dem 5. Stock des Elligerswegs 26 auf den Parkplatz zwischen Elligersweg und Meister-Francke-Straße mit der ursprünglichen Straßenführung rund um den Platz.

Im Elligersweg 35 hatte Otto Meyer bis in die 1970er-Jahre sein Milchgeschäft. Er wohnte mit seiner Familie im gleichen Block.

Milchmann Schierbeck in der Hellbrookstraße 50 installierte in den 1960er-Jahren einen der beliebten Selbstbedienungsautomaten, an denen sich die Kunden zu jeder Tages- und Nachtzeit Milch- und Feinkostprodukte ziehen konnten.

Die Familie Barge erbaute 1930 auf dem rückwärtigen Grundstück ihres Hauses der Fuhlsbüttler Straße 444 ein Mehrfamilienhaus (heute Wagenfeldstraße). Im Hintergrund ist der Block Elligersweg/Ecke Fuhlsbüttler Straße zu sehen, der sogenannte Postblock.

Am 29. März 1931 konnte das Richtfest des Mehrfamilienhauses gefeiert werden. Im Vordergrund sieht man eines der Kinder der Familie Barge.

Im Juli 1943 fotografierte Herr Barge vom Dach seines Hauses die durch Brandbomben verursachten Kriegsschäden. Der Blick geht Richtung Lambrechtsweg.

An der Ecke Elligersweg und Wagenfeldstraße befand sich ein Garagenhof mit Mietgaragen und Tankstelle von Otto Müller. Die Aufnahme der Kriegsschäden an den Garagen am Elligersweg stammt von 1943.

Hermann und Paula Hoppenstock zogen 1935 aus Sasel in den Elligersweg 4 und eröffneten hier ihr Brotgeschäft, das sie bis Mitte der 1950er-Jahre betrieben. Hier eine Aufnahme vom Anfang der 1940er-Jahre.

Eine Nachkriegsaufnahme des Blocks Elligersweg 2–6/Ecke Fuhlsbüttler Straße („Postblock"). Im Vordergrund sind eine alte Telefonzelle und vor dem Kolonialwarengeschäft Hinsch (rechts) ein Feuermelder gut zu sehen.

Vor dem Feuermelder an der Ecke Fuhlsbüttler Straße/Ecke Elligersweg stehen Anfang der 1950er-Jahre vermutlich Geschäftspartner des Fischhändlers Johann Pickenpack zusammen.

Die ehemalige Ladenzeile am Stöttrupweg. Hier sieht man Maike Frost 1965 auf ihrem Schulweg mit dem typischen orangegelben Kopftuch der Landesverkehrswacht für Erstklässler.

Die Putzbauten am Lambrechtsweg 21–13 vor der Sanierung Anfang der 1980er-Jahre. Gut zu erkennen sind die alte Fassadengliederung mit Stuckelementen, die alten Haustüren sowie die ehemals gusseisernen Balkongeländer.

Innenaufnahme der Küche des Ehepaars Ziehes im Lambrechtsweg 19 in den 1970er-Jahren.

Der Prechtsweg/Ecke Manstadtsweg in den 1930er-Jahren mit Hakenkreuz-Fahnen.

Franz Prunnbauer erledigt hier in seiner Freizeit ca. 1933 Reparaturarbeiten am Holzzaun im
Prechtsweg 15. Die Prunnbauers waren 1926 aus
der Stellbergstraße in den Prechtsweg gezogen,
die Genossenschaftsanteile betrugen damals 300
Reichsmark.

Die Aufnahme des Blocks der Hansa-Baugenossenschaft am Manstadtsweg entstand während der Wiederaufbauarbeiten. Bis zur Zerstörung befand sich im Keller des Innenhofs eine Hutpresserei sowie im vorderen Teil eine Filiale von Elbe-Brot und ein Gemüsegeschäft. Bis zum vollständigen Wiederaufbau war ein Teil der Bewohner in den Kellerräumen des Blocks untergebracht.

Mit dem Wiederaufbau Anfang der 1950er-Jahre war eine neue Fensterreihe entstanden, die den Schriftzug „Hüte" teils überdeckte. In den Erdgeschossläden befanden sich das Milchgeschäft von Max Wolf sowie das Lebensmittelgeschäft der Familie Grimm.

Das Foto zeigt Kurt Grimm und seine Frau 1951 in ihrem Lebensmittelgeschäft (anfangs „Pegri", aus Petersen und Grimm) im Manstadtsweg Nr. 9.

Die Schaufensterauslage des Lebensmittelgeschäfts Grimm kurz nach der Eröffnung Anfang der 1950er-Jahre.

Die Mitarbeiter der Stern-Apotheke mit Apotheker Telemann am Hartzlohplatz Mitte der 1950er-Jahre.

Das Ehepaar Emil und Henny Fesefeldt zeigt sich hier in seiner Bäckerei in der Meister-Francke-Straße 32/Ecke Schmachthäger Straße Anfang der 1980er-Jahre. Hier gab es in den 1950er-Jahren noch für zehn Pfennige eine große Tüte Kuchenränder. In den 1960er-Jahren lieferte Bäcker Fesefeldt Brötchen direkt an die Kunden in der Nachbarschaft aus.

Noch im hohen Alter von 80 Jahren war Emil Fesefeldt auf seinem Rad in Barmbek-Nord unterwegs.

Auch mit einer Pferdestärke war die Wäscherei Tesdorp aus der Hellbrookstraße in den 1950er-Jahren auf dem Weg zu ihren Kunden, um die Schmutzwäsche in großen Papiersäcken abzuholen und die gereinigte Wäsche auszuliefern.

Die Luftaufnahme von 1952 zeigt im oberen Bereich am Eichenlohweg die noch heute existie-
renden Tennisplätze und rechts daneben den ehemaligen Post-Sportplatz (heute ATU). Gegenüber dem Sportplatz, im Bereich des ehemaligen Forsthofes, sieht man das Betonwerk Köhler.
Auf der Freifläche links daneben fand in den 1950er-Jahren zweimal jährlich ein Jahrmarkt mit

Schießbuden, Karussell und Schiffsschaukel statt. Zentral in der Bildmitte erkennt man die Kleingartenkolonie KlgV Forsthof e. V. und links die Beisserstraße noch mit Zugang zur Fuhlsbüttler Straße, die am unteren Bildrand entlangführt. Rechts verläuft die damals als Marktfläche dienende Meister-Bertram-Straße.

Anfang der 1950er-Jahre war der Wochenmarkt von der Ecke Elligersweg/Fuhlsbüttler Straße in die Meister-Bertram-Straße gezogen. Die Aufnahme entstand ca. 1951 und zeigt Ernst und Helene Meyer an ihrem Kartoffelstand an der Ecke Prechtsweg.

Das Foto von 1960 zeigt die letzten Tage des Wochenmarktes an der Meister-Bertram-Straße, bevor er dann endgültig zum Hartzloh umzog. Rechter Hand sieht man die neuen Zeilenbauten auf dem Gelände der ehemaligen Kleingartenkolonie Forsthof.

Nach dem Umzug fand sich der Kartoffelstand vor der Krankenhausmauer des AK Barmbek am Hartzloh wieder. Hier zu sehen sind Ernst und Helene Meyer Anfang der 1960er-Jahre. Heute wird der Kartoffelstand bereits in der vierten Generation von der Ureneklin Marina Schröder (geb. Höhnke) und ihrem Mann Hans-Ulf betrieben.

Auf dem gleichen Wochenmarkt bot die Großmutter Gunda Höhnke 1963 Gewürze an.

Die Hochzeit von Liselotte Lüttich mit Otto Tietjen am 18. September 1943 im Lambrechtsweg 19.

Das Ehepaar Tietjen vor dem Haus am Lambrechtsweg 19. Gut zu sehen ist die von außen angebrachte Verdunkelung an den Fenstern im Erdgeschoss.

Ein Hochzeitsbild von Helene Lüttich und Otto Coracino vom 2. Oktober 1943. Links neben dem Brautpaar stehen die Eltern der Braut. In der hinteren rechten Bildecke erkennt man die Schwester der Braut, Liselotte, mit ihrem Mann Otto Tietjen. Im Vordergrund sitzen die Blumenstreukinder der Familie Redermacher. In Ermangelung zweier Brautkleider heirateten die Schwestern Liselotte und Helene im Abstand von zwei Wochen in demselben Kleid.

1956 heiratete Horst Henze, der Sohn des Gemüsegeschäftinhabers Henze in der Fuhlsbüttler Straße 289, Irene Pfuhl und fuhr mit der Hochzeitskutsche des „Hamburger Abendblatts". Die weiße Kutsche erregte großes Aufsehen in der Nachbarschaft, auch Schlachtermeister Olofsson aus dem Laden nebenan unterbrach seine Arbeit und wartete auf das Brautpaar.

Am 17. August 1961 fand die kirchliche Trauung von Christa und Hans Nell in der St.-Gabriel-Kirche statt. Die Braut hält den klassischen Brautstrauß mit den beiden ringförmig gebundenen Myrtenzweigen in der Hand.

Nachkriegsweihnachten 1948: Trotz schlechter Zeiten wurde mit Tannenbaum aus Opas Garten und Kerzen gefeiert. Es gab selbst gemachtes Marzipan aus Pellkartoffeln und Bittermandelaroma sowie weiteren mir nicht bekannten Zutaten.

1951 fiel die Bescherung im Lambrechtsweg schon üppiger aus: Man sieht Silke Eenboom auf ihrem Dreirad, die Puppe wurde auch neu eingekleidet. Im Hintergrund erkennt man die neu aufgearbeitete Puppenstube aus zweiter Hand und ein Kinderstühlchen.

Mitarbeiter der Krankenhaus-Apotheke, Ärzte, Pfleger und Helfer des AK Barmbek feiern Anfang der 1950er-Jahre Weihnachten. Ganz links sitzt Martha Holzhausen, im Hintergrund links spielt Günther (?) Weihnachtslieder auf dem Akkordeon.

Die fröhliche Silvesterfeier fand 1948 bei Familie Eenboom-Holzhausen im Lambrechtsweg 19 statt. Auf dem Foto sind auch noch das Ehepaar Ratje sowie die Familie Redermacher mit ihren Kindern Hellmuth, Friedel und Ruth zu sehen. Der „Silvesterhut" gehörte damals dazu.

1957

# Hurra, wir waren in Hagenbeck.

Zuerst waren wir bei den Zebras und Straußen. Das wil ich erzählen. Karin Pokoern hatte Bonbons mit. Einen davon legte sie auf die Mauer. Da kam der Strauß und schlug den Bonbon heil herunter. Dann kamen die Kängurus. Einer von ihnen hüpfte hin und her, das sah soo putzig aus, daß wir alle lachen mußten und Frau Klinkenb mußte mit uns lachen. Plötzlich fing es an zu regnen, und wir gingen in ein Haus. Da waren auch Tiere darin und die größte Schildkröt der Welt. Affen waren da auch, die haben Kartoffel gefressen. Dann waren wir in der Dressurschule. Da haben die Affen auf einem Pferd geritten. Ein Affe mußte den \_, anderen A ausfahren, da               ist der Affe aus Wagen raus:               gefallen.

Ein Schulaufsatz von 1957 von Silke Rückner, geb. Eenboom.

# 5

# Schulzeit und Kindheit

Neben privaten Aufnahmen zeigt das folgende Kapitel vor allem auch die typischen Aufnahmen der Straßenfotografen. Diese zogen mit ihrer Ausrüstung umher und sprachen spontan Kinder an, um sie für Fotoaufnahmen zu versammeln. Dokumentiert werden hier spielende Kinder und Kindergeburtstage sowie besondere Festtage wie Einschulungen, Schulentlassungen und Konfirmationen.

Auf dem noch unbebauten Grundstück Lambrechtsweg 13–17 fotografierte der Straßenfotograf H. Kniep 1926 diese Kindergruppe. Mit schwarzer Schleife in der zweiten Reihe sieht man Käthe Kühn, rechts daneben Ingeborg Holzhausen. Links im Hintergrund befindet sich der Block Lambrechtsweg 14–26.

Die Straßenfotografie von 1927 entstand in der ehemaligen Stellbergstraße. Stehend in der Mitte mit dunklem Mantel ist Agnes Prunnbauer zu sehen, die kurz darauf in den Prechtsweg zog.

Diese Straßenfotografie stammt aus dem Jahre 1930 und wurde vor dem Haus Brüggemannsweg 3 aufgenommen. Links steht Ingeborg Holzhausen, das Mädchen rechts im Bild ist Lotti Stave.

Die Straßenfotografie von 1931 entstand im Innenhof des Blocks Prechtsweg, Lambrechtsweg. Die Zweite von links ist Anneliese Döhring, ganz hinten rechts steht Lotti Uhlemann, die später eine erfolgreiche Opernsängerin wurde.

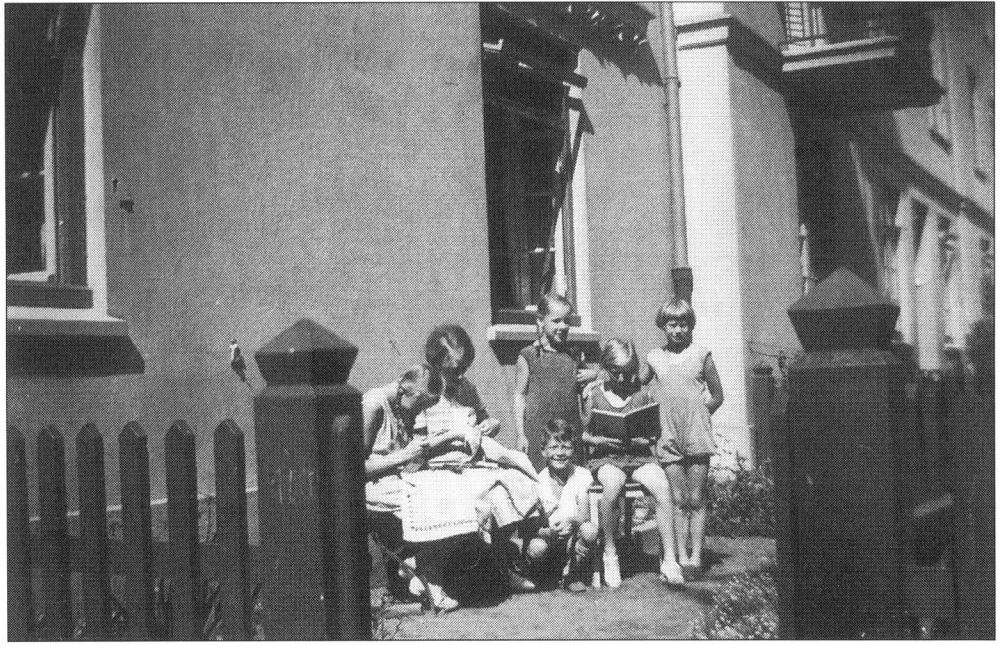

Im Sommer 1930 entstand diese Privataufnahme im Vorgarten des Lambrechtswegs 19. Zu dieser Zeit spielten die Kinder noch in den Vorgärten, während dies in den 1960er-Jahren (vgl. Seite 99) durch Maschen- und Stacheldrahtzäune verhindert wurde.

Margret Fesefeldt sitzt hier Anfang der 1940er-Jahre vor der ersten Bäckerei ihrer Eltern Emil und Henny Fesefeldt in der Meister-Francke-Straße/Ecke Jakob-Mores-Weg.

Liebster Spielplatz der Kinder und Jugendlichen in den ersten Nachkriegsjahren waren verbotenerweise Trümmergrundstücke. Die Aufnahme von ca. 1952 wurde am Prechtsweg/Ecke Manstadtsweg aufgenommen. Stehend sieht man die Brüder Martens, vorne links Herbert Gieche, mittig Paul Pickenpack und rechts Klaus Bussard.

Im zerstörten Innenhof zwischen Suhrsweg und Hellbrookstraße spielen die beiden Kinder Adolf, genannt „Addi", und Dieter Ledermüller. Im Hintergrund kann man die Ruine des Laubengang-hauses am Heidhörn erkennen.

Bei allen Kindern waren die Trümmergrundstücke ein beliebter Spielplatz in der Kriegs- und Nachkriegszeit. Hier sehen wir die Rückseite des Blocks am Suhrsweg.

Im Innenhof des Blocks am Vollmersweg sitzen Anfang der 1950er-Jahre Kinder gespannt vor einem improvisierten Puppentheater.

Wie zu allen Zeiten verkleideten sich auch in der Nachkriegszeit die Kinder gerne zum Spielen. Das Foto vom Anfang der 1950er-Jahre entstand im Innenhof Lambrechtsweg/Brügge-mannsweg. Hinten in der Mitte steht im hellen Hemd Hellmuth Redermacher, rechts daneben Hans-Peter Helfrich und Jürgen Schröder, davor sitzen (von links) Rolf Gieche, Klaus Bussard und Bübi Gieche.

Eine Faschingsfeier im Februar 1950 bei Familie Redermacher im Lambrechtsweg 19. Auch in einem 16 Quadratmeter kleinen Wohnzimmer konnte man groß feiern.

Als Brautleute grüßten 1955 im Innenhof Lambrechtsweg Silke Eenboom, Elke Oehmig und Birgit Maslonka.

Traditionell wurden Kinder auch in den Nachkriegsjahren noch in einer Zinkwanne gebadet. Hier eine Aufnahme von 1949.

In derselben Zinkwanne erfrischte sich 1967 Thomas Velten im Innenhof Lambrechtsweg/ Brüggemannsweg.

Die Aufnahme entstand auf dem Hartzloh-Spielplatz im Jahr 1949. Sie zeigt Ingeborg Eenboom und ihre Mutter Martha Holzhausen mit ihrer Tochter Silke vorne links mit weißer Schürze.

Spielende Kinder auf dem Spielplatz Genslerstraße 1962.

Eine Geburtstagsfeier am 28. August 1931 im Lambrechtsweg 19. In der Mitte steht das Geburtstagskind Ingeborg Holzhausen mit Blumen im Arm, umringt von ihren Gästen.

Der 14. Geburtstag von Ingeborg Holzhausen am 28. August 1936. Im Innenhof Lambrechtsweg/
Brüggemannsweg haben sich aufgestellt: mittig das Geburtstagskind, links daneben Schulfreun-
din Inge Drews und vorne links (sitzend) Cousine Sonja Specht.

Auch die Tochter feierte ihren Geburtstag im Mai 1960 am gleichen Ort. Von links sehen wir: Michael Schmüser, Bärbel Schraven, Silke Eenboom, Gisela Schwager und Gudrun Mann. Im Hintergrund sind die eingezäunten Rasenflächen des Innenhofs sowie der mit Stacheldraht gesicherte Schacht der Waschküche im Keller gut zu erkennen.

Zur Hochzeit von Walter und Friedel Schmalz (geb. Redermacher) am 17. September 1960 organisierte die Brautmutter für alle Kinder einen Laternenumzug, der von Monika Lorenzen und Silke Eenboom geleitet wurde.

Einschulung von Inghild Ziehes im April 1932. Hier sieht man sie mit ihrer Mutter Henny vor dem Haus Lambrechtsweg 19. Beachtenswert sind die originale Eingangssituation mit den zwei flankierenden Stuckelementen und der filigran gearbeiteten Haustür.

Am 5. April 1955 wurde Gabi Röthel an der Grundschule im Langenfort 70 eingeschult. Das Bild entstand im Lambrechtsweg 8. Man vergleiche die Größe der Schultüten im Verhältnis zur Größe des Kindes auf den beiden Aufnahmen dieser Seite.

Eine Vorkriegsaufnahme des Schulgebäudes am Langenfort, hier die Südostansicht.

Und eine Nachkriegsaufnahme des Schulgebäudes am Langenfort, dieses Mal die Ansicht von Westen an der Ecke Otto-Speckter-Straße.

Die Luftaufnahme stammt von 1932. Sie bietet einen Blick auf das Schulgebäude und den Sportplatz am Langenfort. Im Vordergrund sieht man die Barackenbauten der sogenannten Notschule am Wittenkamp.

Das Bild zeigt Hedwig Markwardt Ende der 1920er-Jahre im Kreise ihrer Mitschülerinnen vor den Pavillons der sogenannten Notschule am Wittenkamp.

Blick auf die rückwärtige Ansicht des 1912 von Fritz Schumacher entworfenen Gebäudes der Schule Tieloh.

Einschulung am 1. April 1929 bei Lehrer Bröer im Tieloh. In der letzten Reihe sieht man als Dritte von links Gertrud Voss, in der zweiten Reihe als Vierte von rechts Ingeborg Holzhausen, als Zweite von rechts Käthe Schaulandt.

Die Aufnahme einer 5. Klasse entstand im Jahr 1934 in der sogenannten Notschule am Witten-kamp.

1936 stellte sich diese 7. Klasse hinter der Schule am Langenfort dem Fotografen. In der zweiten Reihe ganz links stehen zwei Mädchen in BDM-Uniform. Rechts steht der Klassenlehrer Herr Knochen.

Lehrer Knochen 1938 mit seiner Abschlussklasse der Schule Langenfort.

Eine Grundschulklasse 1938 am Langenfort mit Lehrer Mohr.

Das Klassenfoto einer Volksschulklasse entstand an der Knabenschule in der Fraenkelstraße mit Lehrer Borgmann (rechts). In der ersten Reihe ganz links sieht man Paul Pickenpack.

Erstklässler der Grundschule Langenfort 1955 mit der Lehrerin Marianne Klinkenberg.

Verabschiedung zur ersten Klassenreise nach Bispingen 1959 vor der Schule Fraenkelstraße.

1958 sammeln sich die Kinder der Schule Fraenkelstraße zu einem Ausflug vor ihrem Schulgebäude.

Hans Wübker bei der Pausenaufsicht im Herbst 1963 in der Schule Fraenkelstraße.

Das Lehrerkollegium der Schule Fraenkelstraße im März 1964. Von links: Frl. Walther, Frau Groth, Herr Dubarry, Frau Pichel, Frl. Drews, Frl. Lauer, Dr. Müller, Frau Hoffmann, Herr Thurm, Frau Dr. Eggers, Herr Wübker, Frau Dr. Bösenberg, Herr Nöpel, Frau Wachholtz und Frau Lauterbach.

Englischunterricht der Klasse 6b bei Frau Hassenstein 1960 in der Schule Fraenkelstraße.

Schüler der 6. Klasse von Dr. Müller in der Schule Fraenkelstraße bei einer Aufführung mit selbst gebastelten Handpuppen, 1961.

1964 fand die Abschlussfeier der Klasse V 9 von Dr. Müller in der Lehrküche im Keller statt.

Das in der Lehrküche von den Mädchen selbst gemachte kalte Buffet mit gefüllten Eiern, Tomatenpilzen und Käseigeln fand reißenden Absatz.

Das Abschlussbild der Klasse V 9 mit Klassenlehrer Dr. Müller entstand 1964 in der Schule Fraenkelstraße.

Einige der oben abgebildeten Schüler sind hier im März 1964 bei ihrer Konfirmation im Konfirmandensaal der Kirchengemeinde St. Gabriel mit Pastor Vollert zu sehen.

Die Konfirmationsurkunde von Ingeborg Holzhausen von 1938.

Die Postkarte von 1925 zeigt die Auferstehungskirche von Camillo Günther im Tieloh.

Im Anschluss an die Konfirmation fand im März 1938 eine Feier mit Verwandten, Nachbarn und Freunden im Lambrechtsweg 19 statt.

Ein Konfirmationsbild aus dem Jahr 1952 mit Pastor Lindemann. In der zweiten Reihe von oben steht mittig Paul Pickenpack.

Zehn Jahre später entstand im März 1963 diese typische Konfirmationsaufnahme mit Pastor Vollert im Konfirmationsraum der Kirche St. Gabriel.

# 6

# Freizeit und Sport

Dieses Kapitel zeigt die vielfältigen Möglichkeiten der Freizeitgestaltung – von der Schrebergartennutzung bis zum Kinobesuch, von Sportfest bis Gartenfest, und auch zahlreiche Tanzvergnügen. Die Aufnahmen stammen aus den 1930er- bis1950er-Jahren, die Kinoaufnahmen aus den 1960er-Jahren. Einen wesentlichen Anteil haben Fotos aus den Kleingärten der Umgebung. Die Arbeit im Kleingarten stellte eine Hauptbeschäftigung in der Freizeit dar. Die Kleingärten trugen einen erheblichen Anteil an der Versorgung der Familien. Einige der Parzellen waren nach der Ausbombung mit festen Steinhäusern als dauerhaftem Wohnsitz bebaut worden.

Hier eine Schrägbild-Luftaufnahme von Südwest nach Nordost hinüber zum heutigen Steilshoop. In der hinteren Bildmitte sehen wir das alte Ausflugsgebiet Forsthof mit seinem Ausflugslokal, das 1943 durch eine Bombe zerstört wurde. Im kalten Winter 1945/46 wurden große Teile des umliegenden Waldes verbotenerweise durch die Bewohner gefällt und verheizt. An der Meister-Francke-Straße/Ecke Schwarzer Weg sehen wir den großen Sportplatz, der nach dem Zweiten Weltkrieg zum Eichenlohweg verlegt wurde. Auf dem Gelände des Sportplatzes an der Meister-Francke-Straße siedelten sich in den 1950er-Jahren Kleingärtner an.

Auf diesem Foto aus der Mitte der 1930er-Jahre bearbeitet Arthur Lüttich die Beete seines Kleingartens in der Kolonie der Gartenfreunde am Forsthof.

In den 1950er-Jahren fanden gut besuchte Seminare zum Thema Baumschnitt in der Garten-kolonie statt. Im Vordergrund der Vereinsvorsitzende Emil Roßberg, der in Parzelle 65 ein festes Wohnhaus hatte. Nach dem Abriss der Kleingartensiedlung Ende der 1950er-Jahre erbat er sich eine Wohnung in den Zeilenbauten an der Nordheimstraße mit Blick auf seine alte Eiche im Garten hinter seinem ehemaligen Haus. Die Eiche steht noch heute an dieser Stelle.

Nach getaner Arbeit ruht sich Wilhelm Eenboom
Anfang der 1950er-Jahre im Liegstuhl aus.

Einladungskarte für
_Frau Eenboom_
zu einer Fahrt durch die
Holsteinische Schweiz
am Sonntag d. 1. Juli 1951.
Abfahrt:
8⁰⁰ ab Meister Bertramstr.
Ecke Fuhlsb. Str.
Rückkehr ca. 23⁰⁰ Uhr
Ihr Platz im Autobus Nr. 36

Ausfahrt
der Schrebergemeinschaft
vom Gartenverein
„Gartenfreunde
am Forsthof"

Eine Einladungskarte für Mitglieder der Gartenfreunde am Forsthof zu einer Ausflugsfahrt durch
die Holsteinische Schweiz am 1. Juli 1951.

Gartenarbeit macht bekanntlich selbst den Kleinsten Spaß, hier in der Gartenkolonie am Forsthof 1950.

Im Sommer 1934 trafen sich die Freundinnen Liselotte und Helene Lüttich und Ingeborg Holzhausen zum Kaninchenstreicheln.

Zur Belohnung ein Eis: Nach getaner Arbeit lassen sich die drei Schwestern Helene, Liselotte und Marianne Lüttich die kühle Erfrischung schmecken.

Die jährlichen Gartenfeste fanden am ersten Samstag im September statt. Mit Frack und Zylinder führt Harald Oehmig 1954 den Festumzug entlang der Fuhlsbüttler Straße an.

In manchen Jahren ging auch ein Akkordeonspieler vorweg, dem festlich gekleidete Mädchen mit blumengeschückten Bögen folgten. Das Foto entstand Anfang der 1950er-Jahre.

Aufwendig und liebevoll selbst gestaltete Wagen zu verschiedenen Themen (hier der „Froschkönig") bildeten den Kern des Umzugs.

Jeder trug etwas bei: Kinder mit geschmückten Rollern und Blumenkränzen im Haar folgten den Festwagen.

Das Fest war eine Attraktion für alle Kinder des Quartiers, die sich mit einer Laufkarte um den Hals an verschiedenen Spielstationen vergnügen und ausprobieren konnten.

Wo früher Wettspiele stattfanden, brandet heute der Verkehr. Der ehemalige Hauptweg der Gartenkolonie ist heute die stark befahrene Nordheimstraße, hier auf einer Aufnahme vom Anfang der 1950er-Jahre. Auf ungefähr einem Drittel der Parzellen standen feste Wohnhäuser, wie rechts hinten im Bild zu sehen ist.

Für Kinder und Erwachsene gleichermaßen gab es eine Kaffeetafel, für die Kinder ein Kaspertheater und für die Erwachsenen auch einen Bierausschank. Rechts im Bild befindet sich der Tombolastand mit Sachspenden der Mitglieder, zum Teil aus dem eigenen Garten, der in der Nachkriegszeit sehr begehrt war.

Krönender Abschluss für die Kinder waren die Singspiele. In ihrer Freizeit hatten die Mütter aus Krepppapier fantasievolle Kostüme genäht und auf den leer stehenden Dachböden Tänze und Lieder eingeübt. Die Aufnahme entstand 1951.

Ein Gruppenfoto von 1954, das die Kinder bei der Aufführung eines Vier-Jahreszeiten-Singspiels in der Kleingartenkolonie am Forsthof zeigt. Für die Kinder ging der Abend mit einem Laternenumzug zu Ende, während sich die Eltern beim Tanzen vergnügten.

Auf dem Sportplatz an der Meister-Francke-Straße trafen sich 1936 diese Mädchen zum Handballspiel.

Mitte der 1950er-Jahre fand ein Handballspiel des VFL 93 gegen die Hamburger Turnerschaft Barmbek-Uhlenhorst auf dem Sportplatz am Langenfort statt. Im Hintergrund überragt bereits das neu gebaute Hochhaus am Habichtsplatz die Klinkerbauten an der Otto-Speckter-Straße.

Die Hamburger Turnerschaft Barmbek-Uhlenhorst macht sich 1953 auf den Weg zur Eröffnung des Deutschen Jugendturnfestes. Im Hintergrund rechts erkennt man die Stadtreihenhäuser der 1890er-Jahre, deren letztes an der Ringbrücke im Juni 2011 abgerissen wurde. Linker Hand auf dem Grünzug zum Stadtpark befinden sich die nach dem Krieg errichteten Behelfsheime aus Holz.

Die Aufnahme von 1967 zeigt den sogenannten Postsportplatz am Eichenlohweg, den Nachfolger des Platzes an der Meister-Francke-Straße/Steilshooper Allee. Im Hintergrund erkennt man die Zeilenbauten auf dem ehemaligen Sportplatzgelände an der Meister-Francke-Straße/Nordheimstraße.

Hausmusik in der Gartenlaube: Im Hartzloh 47 spielt Walter Franke kurz vor dem Ersten Weltkrieg zu einem sommerlichen Ständchen auf.

Die Barmbeker Jugend traf sich in den 1930er-Jahren verbotenerweise zum Swing im „Café König". In den 1960er-Jahren fanden hier unter dem Namen „Ballhaus Barmbek" noch Tanztees statt.

Ein beliebtes Ausflugsziel für alle Barmbeker war das Ausflugslokal „Forsthof" am Eichenlohweg (heute Famila). Das ehemals sumpfige Gelände war von der Familie Beisser im 19. Jahrhundert trocken gelegt und als Naherholungsgebiet ausgebaut worden. Heute noch steht die Villa der Familie in der Steilshooper Straße.

Eine weitere Tanzmöglichkeit bot das Ausflugslokal „Forsthof" mit seinem Tanzboden. Diese Aufnahme aus den 1930er-Jahren entstand bei einer Kindertanzaufführung.

An der Ecke Hufnerstraße/Hellbrookstraße befand sich von der Mitte der 1950er- bis Ende der 1960er-Jahre das Kino Roxy. Eine Fotografie vom Gloria-Filmpalast in der Fuhlsbüttler Straße 334 konnte leider nicht gefunden werden. (Vgl. Seite 16, das Schauburg-Kino.)

Bereits im Stadtteil Ohlsdorf lag „Die Blende" in der Fuhlsbüttler Straße 541, das letzte Kino im Barmbeker Norden. Es befand sich hier von 1956 bis 1966.

# Die Heimat entdecken!

Von Kiel bis Wien,
von Aachen bis Görlitz:
Entdecken Sie Alltagsgeschichten
aus Ihrer Heimatstadt!

# Leben in der Großstadt …

Tauchen Sie ein in das quirlige Großstadtleben vergangener Tage. Spazieren Sie über breite Boulevards und stürzen Sie sich ins Nachtleben. Erkunden Sie ihre Stadt durch die Fensterscheiben einer Straßenbahn oder des ersten Käfers und bewundern Sie prächtig geschmückte Schaufenster.

# ... und ländliche Idylle

Wie sah das Leben in Ihrer Heimat aus, als die Bauern noch mit Pferden pflügten und jedes Dorf seinen eigenen Schmied hatte, jeder noch jeden kannte und das Leben sich zwischen Kirche, Wirtshaus und Wohnküche abspielte?

# Erinnerungen an die Schulzeit …

Erinnern Sie sich noch an die Zeiten von Abakus und Schiefertafel, an Klassenausflüge oder den ersten Taschenrechner? Blicken Sie zurück auf große Klassen und gestrenge Schulmeister, entdecken Sie auf Klassenfotos Freunde und Bekannte von früher!

# ... und das Arbeitsleben

Entdecken Sie, wie sich das Arbeitsleben in den letzten hundert Jahren verändert hat. Werfen Sie einen Blick in Fabrikhallen, blicken Sie Handwerksmeistern bei ihrer Arbeit über die Schulter und erinnern Sie sich an den Einkauf im Tante-Emma-Laden.

# Gesellige Stunden im Verein …

Fußballclub und Schützenverein, Musikkapelle und Gesellenverein: Schauen Sie zurück auf Volksfeste und Turniere, Chorproben oder Prunksitzungen. Erinnern Sie sich an schöne Stunden und das gesellschaftliche Leben in Ihrer Heimat.

# ... und im Familienkreis

Werfen Sie einen Blick in die Wohnzimmer vergangener Tage und entdecken Sie, wie sich zwischen schweren Eichenmöbeln, Nierentischen und Ikea-Regalen der Alltag verändert hat. Erleben Sie Familienfeiern und Weihnachtsfeste im Wandel der Jahrzehnte mit.

Zeitfracht Medien GmbH
Ferdinand-Jühlke-Straße 7
99095 Erfurt, Deutschland
produktsicherheit@kolibri360.de

Druck:
CPI Druckdienstleistungen GmbH
im Auftrag der
Zeitfracht Medien GmbH
Ein Unternehmen der Zeitfracht - Gruppe
Ferdinand-Jühlke-Str. 7
99095 Erfurt